BEI GRIN MACHT SICH IHR WISSEN BEZAHLT

Mobilität der Zukunft. Aktuelle Trends und Hyperloop

Octavian Zaiat

Bibliografische Information der Deutschen Nationalbibliothek:

Die Deutsche Nationalbibliothek verzeichnet diese Publikation in der Deutschen Nationalbibliografie; detaillierte bibliografische Daten sind im Internet über http://dnb.d-nb.de abrufbar.

ISBN: 9783346827081
Dieses Buch ist auch als E-Book erhältlich.

Das Buch bei GRIN: https://www.grin.com/document/1334395

FOM Hochschule für Oekonomie & Management

Hochschulzentrum Frankfurt am Main

Berufsbegleitender Studiengang zum

Bachelor of Science - Wirtschaftsinformatik

9. Semester

Seminararbeit im Rahmen der Veranstaltung

Strategische IT-Entwicklung & Trends

Mobilität der Zukunft – aktuelle Trends und Entwicklung eines neuen Hochgeschwindigkeits-Transportsystem (Hyperloop)

Autor(in):   Octavian Zaiat

Abgabedatum: 31.12.2022

Inhaltsverzeichnis

Abbildungsverzeichnis

Abkürzungsverzeichnis

BTU/p-m	British thermal unit per passenger mile
CO_2	Kohlenstoffdioxid
EU	Europäische Union
IoT	Internet of Things
LiDAR	Light Detection and Ranging
Lkw	Lastkraftwagen
NASA	National Aeronautics and Space Administration
Pkw	Personenkraftwagen
QR-Code	Quick Response Code
UN	United Nations
US	United States
VW	Volkswagen

1 Einleitung

Die aktuelle weltweite Verkehrslage verlangt zunehmend nach neuen Mobilitätskonzepten. Gründe dafür sind zum einen die Auswirkungen des globalen Klimawandels, die fast überall auf der Welt zu spüren sind, zum anderen die überfüllten Straßen in den Großstätten mit Autos und Lkw, die sich negativ auf die Luftqualität in der Stadt und vor allem auf die Gesundheit der Menschen auswirken.[1]

Am 1. Januar 2022 hat die Zahl der zugelassenen Pkw in Deutschland laut einer Pressemitteilung des Kraftfahrt-Bundesamtes einen neuen Höchststand erreicht. Genauer gesagt waren zu Jahresbeginn rund 48,54 Millionen Pkw zugelassen, 291.000 mehr als im Vorjahr.[2] Werden diese Fahrzeuge nach Kraftstoffart betrachtet, so ist laut einer anderen Statistik ersichtlich, dass die meisten Fahrzeuge Verbrennungsmotoren haben. Der größte Anteil entfällt auf Fahrzeuge mit Benzinmotoren. Dies waren am Stichtag des Jahres 2022 insgesamt 31 Millionen Autos, die in Deutschland gemeldet waren. Die Zahl der benzinbetriebenen Autos beginnt ab 2021 zu sinken, während die Zahl der dieselbetriebenen Autos schon seit 2017 rückläufig ist. Die Statistiken zeigen auch eine deutliche Zunahme von Elektrofahrzeugen auf den deutschen Straßen, die jedoch im Gesamtvergleich nicht signifikant sind.[3]

Laut einem Bericht der Vereinten Nationen (UN) aus dem Jahr 2019 zeigen sich diese Entwicklungen auch in anderen großen Industrieländern, vor allem aufgrund des jährlichen Wachstums der Weltbevölkerung. Die Vereinten Nationen prognostizieren, dass die Weltbevölkerung bis 2050 auf 9,7 Milliarden Menschen anwachsen wird. Getrieben wird dieser Trend weiterhin von den bevölkerungsreichsten Ländern wie Indien und China.[4] Diese Zahlen zeigen deutlich, dass die Verkehrsbedingungen in Zukunft anspruchsvoller sein werden als heute, da Autos immer mehr Stadtfläche einnehmen und Staus in vielen Städten zum Alltag gehören.[5] Daher müssen dringend neue Mobilitätskonzepte und -lösungen gefunden werden. Dazu gehören der Ausbau oder die Vergünstigung des öffentlichen Nahverkehrs, die Investition in Radwege und in die Attraktivität von Carsharing.

Die Verkehrslage im Fernverkehr oder auf Langstrecken ist nicht besser als im Stadtverkehr. Um an ein entferntes Ziel zu kommen, stehen derzeit vier Transportmöglichkeiten zur Verfügung. Auf dem Wasser können Schiffe oder Flugzeuge eingesetzt werden, an Land Autos, Züge

---

[1] Vgl. Siebenpfeiffer W. (2021) S. 4
[2] Vgl. Kraftfahrt-Bundesamt (2022) o. S.
[3] Vgl. Kords, M. u. a (2022) o. S.
[4] Vgl. United Nations (2019) S. 5-10
[5] Vgl. Siebenpfeiffer W. (2021) S. 4

1

sowie Flugzeuge. Es ist wissenschaftlich erwiesen, dass Schiffe, Autos und Flugzeuge aufgrund ihrer erhöhten CO_2-Emissionen die größten Umweltverschmutzer sind. Eisenbahnzüge sind zwar umweltfreundlicher als Autos und Flugzeuge, aber für Fernreisen oft zu teuer.[6,7] Außerdem fahren diese Züge immer noch mit niedrigen Geschwindigkeiten, sodass sich für Reisende kein spürbarer Zeitvorteil ergibt.

Die Welt braucht ein fünftes Transportmittel, um den Personen- und Güterverkehr effizienter, kostengünstiger und schneller zu machen. Die Rede ist von Hyperloop, einem Hochgeschwindigkeitstransportsystem, das das Potenzial hat, den Fernverkehr in Zukunft zu revolutionieren.

Da das Thema so spannend ist, wird sich diese Arbeit auf das Entwicklungskonzept von Hyperloop konzentrieren und weitere Einblicke in aktuelle und zukünftige Mobilitätstrends geben.

2 Aktuelle Trends in der Mobilität

Der enorme Mobilitätsbedarf nach nachhaltigen und intelligenten Lösungen hat viele Trends hervorgebracht. Aus diesem Grund haben viele Veränderungen im Verkehrssektor stattgefunden, aber die meisten spiegeln sich derzeit in der Automobilindustrie wider. Die Zahl der neu zugelassenen Elektrofahrzeuge steigt weltweit und die Nutzung von Carsharing wird immer beliebter, da es vielen Menschen eine bessere Alternative zum teuren Autobesitz bietet. Fahrvermittlungsdienste wie Uber ergänzen den städtischen Nahverkehr und transportieren Menschen günstiger als herkömmliche Taxis.[8]

In diesem Kapitel werden aktuelle und zukünftige Trends aus der Mobilitätsbranche vorgestellt.

2.1 Mobilität in der Stadt

Um in der Stadt mobil zu sein, stehen in vielen Großstädten eine ganze Reihe an Mobilitätsangeboten zur Verfügung. In Städten, insbesondere Innenstädten, finden sich an fast jeder Ecke E-Scooter oder Leihfahrräder, die für Fahrten von kurzen Distanzen ausgelegt sind. Wie oben erwähnt, ist Carsharing vielleicht nicht für jeden die beste Lösung, aber für viele eine flexible und kostengünstige Alternative zum eigenen Auto, auch wenn die Angebote der Carsharing-Unternehmen noch ausbaufähig sind, da diese derzeit vor allem in urbanen Zentren konzentriert und auf viele große Teile der Stadt beschränkt sind.[9]

---

[6] Vgl. Internationale Energieagentur (2019) o. S.
[7] Vgl. Kords, M., Internationale Energieagentur (2022) o. S.
[8] Vgl. Weber J. (2020) S. 1-2
[9] Vgl. Weber J. (2020) S. 2-5

Das Potenzial für Carsharing ist riesig, besonders in Deutschland. Die Zahl der registrierten Carsharing-Nutzer stieg im Jahr 2022 (Stand von Januar) im Vergleich zum Vorjahr um 18 Prozent. Insgesamt nutzten in Deutschland 3,39 Millionen Menschen die Angebote der Carsharing-Unternehmen.[10] In vielerlei Hinsicht ist Carsharing die wirtschaftlichere Alternative, um in der Stadt mobil mit dem Auto zu sein. Außerdem ist die Nutzung von Carsharing einfacher und flexibler als der Besitz eines eigenen Autos.[11,12]

Im Zuge der Digitalisierung sind in Städten eine Vielzahl von Mobilitätsangeboten entstanden. Egal ob Auto, E-Scooter oder Leihrad, alle können mit Hilfe eines Smartphones auf- oder zugeschlossen werden. Fahrten können einfach über ein Smartphone gebucht und in Echtzeit verfolgt werden. Das Konzept „gefahren zu werden", auch Ride-Hailing genannt, ist in den letzten Jahren in Städten sehr populär geworden. Dementsprechend stehen die Anbieter solcher Dienste in direkter Konkurrenz mit den Taxiunternehmen. Der Pionier Uber ist mittlerweile in mehr als 600 Städten auf allen fünf Kontinenten präsent und ist nicht nur günstiger als Taxis, sondern bietet dank seiner digitalen Plattform auch eine Reihe nützlicher Funktionen. Über die bereitgestellte App können Kunden ein Ziel eingeben, direkte Preisermittlungen für die gewählte Route erhalten, Fahrer- und Nutzerrankingdaten anzeigen, Fahrer in Echtzeit verfolgen, voraussichtliche Abholzeit und Prognosen über die Ankunftszeit erhalten, bargeldlos und bequem über die App bezahlen.[13]

2.2 Digitalisierung, Vernetzung und autonomes Fahren

Digitalisierung und Vernetzung spielen heute im Automobilbereich eine wichtige Rolle. Autonom vernetzte Fahrzeuge können viele Vorteile bringen und für mehr Sicherheit im Verkehrssektor sorgen. Weil Autos miteinander kommunizieren und sich automatisch synchronisieren können, lässt sich der Verkehrsfluss in Städten effizient gestalten. Noch ist die Technik nicht ganz ausgereift, und bis solche Fahrzeuge massentauglich sind, wird es noch einige Jahre dauern. Unternehmen wie Tesla, Waymo, Uber oder deutsche Autohersteller wie Mercedes oder BMW versuchen bereits, vollautomatisierte Systeme zu entwickeln.[14]

Waymo und Tesla machen in diesem Bereich derzeit große Fortschritte. Obwohl die beiden Unternehmen unterschiedliche Technologien einsetzen, ist ihr gemeinsames Ziel, bei der Entwicklung von autonomen Fahrzeugen führend zu sein. Tesla setzt hier auf Kameratechnik,

[10] Vgl. Kords, M., Bundesverband CarSharing (2022) o. S.
[11] Vgl. Wolfgang R. u. a. (2018) S. 2-3
[12] Vgl. Weber J. (2020) S. 181-182
[13] Vgl. ebd. S. 209-213
[14] Vgl. Siebenpfeiffer W. (2021) S. 25-27

während Waymo eher auf teure Sensoren wie LiDAR setzt. Tests mit selbstfahrenden Autos und Personen an Bord finden derzeit in den USA statt. Waymo setzt in US-Bundesstatt Arizona seit Jahren Roboterautos als Taxis ohne zusätzlichen Sicherheitsfahrer ein.[15] Tesla geht seit Jahren einen anderen Weg und bietet seine Software bekannt unter den Namen Full-Self-Driving-Autopilot in Serienfahrzeugen an. Die volle Funktionalität des Autopiloten kann allerdings nur gegen eine zusätzliche Gebühr von 15.000 Euro freigeschaltet werden. Die Software befindet sich derzeit noch in der Beta-Phase und kann nur von US-Nutzern getestet werden.[16]

3 Hyperloop

Hyperloop ist ein innovatives Hochgeschwindigkeitstransportsystem, das 2013 vom Unternehmer Elon Musk und seinen beiden Unternehmen Tesla und SpaceX konzipiert wurde. Musk glaubt, dass Hyperloop schneller, billiger und effizienter als Flugzeuge und herkömmliche Züge sein und die Reisezeiten erheblich verkürzen wird. Ein solches System hätte keine negativen Auswirkungen auf die Umwelt, da die Kapsel (Pod) durch Magnetfelder angetrieben würde und die Stromversorgung durch an den Röhren installierten Solarmodulen sichergestellt werden könnte. Die Kapsel würde sich in einer Vakuumröhre bewegen und Geschwindigkeiten von bis zu 1.200 km/h erreichen.[17]

Auf den nächsten Seiten wird versucht, ein tieferes Verständnis des Konzepts von Hyperloop zu vermitteln. Insbesondere werden Anforderungen an die Infrastruktur, Chancen und Risiken, die wichtigsten Herausforderungen, die Kosten und die Gewährleistung von Sicherheit und Zuverlässigkeit behandelt. Der letzte Punkt betrifft die Pläne der Europäischen Union (EU) zur Einführung von Hyperloop als neues Transportmittel in Europa.

3.1 Funktionsweise

Ein solches Transportsystem ist für lange Distanzen zwischen Städten und Orten geeignet, die sehr stark frequentiert sind und maximal 1.500 km voneinander entfernt sind. Das Hyperloop-System besteht aus den folgenden Komponenten:[18]

---

[15] Vgl. Kroher, T. u. a. (2022) o. S.
[16] Vgl. tesla.com (2022) o. S.
[17] Vgl. Hansen, I. (2020) S. 803-804
[18] Vgl. Musk, E. (2013) S. 9-11

- Kapsel

- Stahlrohr

- Antrieb

- Stationen

Eine Kapsel soll bis zu 28 Passagiere befördern können. Diese sollen im Inneren der Röhre reisen und im Durchschnitt alle zwei Minuten fahren können. Linearmotoren und Magnetkräfte sorgen dafür, dass die Kapsel kontrolliert angetrieben wird und sie sich schwebend fortbewegen kann. Linearmotoren bestehen in der Regel aus einem feststehenden und einem beweglichen Teil, auch Stator und Rotor genannt. Der Stator ist mit der Fahrbahn verbunden, während der Rotor an der Kapsel angebracht wird. Dabei besitzt der Stator entlang der Fahrbahn unterschiedliche Magnetfelder. Die Magnetfelder der beiden Teile werden so kombiniert, sodass die sich gegenseitig anziehenden und abstoßenden Kräfte der Magnetfelder den Rotor und schließlich die Kapsel in einer geraden Linie antreiben. Nach dem gleichen Prinzip kann die Kapsel auch gebremst werden.[19]

Diese Antriebsart ist als magnetische Levitation oder Maglev bekannt und wird bereits heute in erfolgreichen Magnetschwebebahnen in Japan und China eingesetzt. Der schnellste Zug der Welt kommt derzeit aus Japan und heißt Shinkansen Maglev L0. Dieser Zug befindet sich derzeit noch in der Entwicklung, konnte aber in abschließenden Tests eine Rekordgeschwindigkeit von 600 km/h erreichen.[20] Trotz seiner hohen Geschwindigkeit im Vergleich zu normalen Eisenbahnzügen wirkt sich der resultierende Luftwiderstand negativ auf den Stromverbrauch und die mit diesem Zug erreichbaren Höchstgeschwindigkeiten aus. Dadurch verlangsamt sich der Zug, denn je höher die Geschwindigkeit, desto größer der Luftwiderstand. Diese Problematik tritt bei Hyperloop nicht auf, denn durch den Einsatz von Vakuumpumpen kann die Luft bis zu 99 % abgesaugt werden, sodass im Inneren der Röhre Vakuumbedingungen herrschen können.[21] Eine an der Vorderseite der Kapsel angebrachte Turbine soll zudem die während der Fahrt entstehende Luft absaugen und diese unter die Kapsel drücken. Dadurch soll zwischen der Bahn und der Kapsel ein Luftpolster entstehen, auf dem die Kapsel gleiten kann. Die Energieversorgung wird durch auf den Röhren montierte Solarzellen gewährleistet.[22] Abbildung 1 stellt ein Prototyp von einer Hyperloop-Kapsel dar.

---

[19] Vgl. ebd. S. 9-11
[20] Vgl. zeit.de (2015) o. S.
[21] Vgl. Musk, E. (2013) S. 9-39
[22] Vgl. ebd. S. 9-39

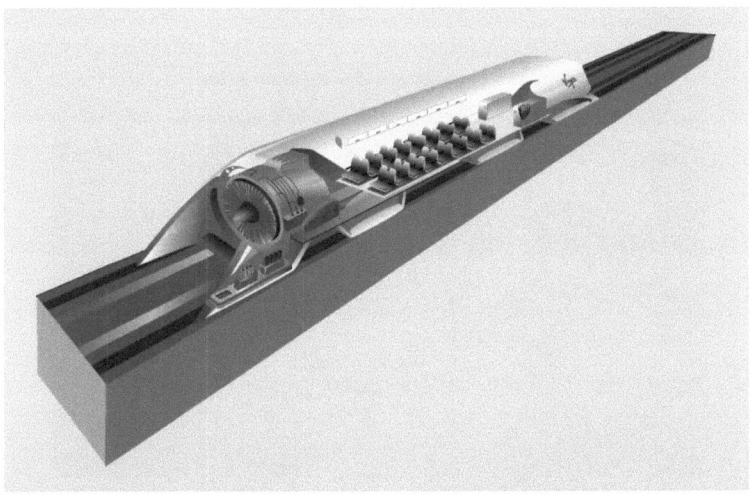

Quelle: https://de.wikipedia.org/wiki/Hyperloop

3.2 Infrastrukturanforderungen

3.2.1 Allgemeines

Die Infrastrukturanforderungen für eine kommerzielle Strecke sind sehr anspruchsvoll, da Hyperloop eine komplett neue Infrastruktur erfordert. Für jede Route sollten zwei Rohrleitungssysteme eingerichtet werden, um den Kapseln zu ermöglichen, auch in die entgegengesetzte Richtung zu fahren. Der Bau einer Strecke von Hunderten von Kilometern zwischen zwei weit entfernten Städten kann mehrere Milliarden Euro kosten. Der Innendurchmesser der Stahlröhre sollte 2,23 m betragen, um die Materialkosten so niedrig wie möglich zu halten. Die Röhre werden in kleinen Abschnitten vorgefertigt und in einem durchschnittlichen Abstand von 30 Metern zwischen Pfeilerstützen installiert, wobei sie je nach Standort leicht variieren können. Durch die Stahlkonstruktion der Röhren werden einfache Schweißverfahren ermöglicht, um verschiedene Rohrabschnitte miteinander zu verbinden. Diese Abschnitte müssen so konzipiert sein, dass in bestimmten Abständen entlang der Rohrleitung Sicherheitsnotausgänge vorhanden sind. Die Pfeilerstützen müssen allen Naturgewalten wie Erdbeben oder starken Winden sowie enormem Gewicht und atmosphärischem Druck standhalten. Zwischen den Pfeilerstützen und Röhren sollte ein Dämpfer eingebaut werden, um Bodenbewegungen von den Röhren zu isolieren.[23] In der Abbildung 2 werden die Infrastrukturkomponenten einer Hyperloop-Strecke dargestellt.

Abbildung 2: Infrastruktur einer Hyperloop-Strecke

Quelle: https://www.tesla.com/sites/default/files/blog_images/hyperloop-alpha.pdf

3.2.2 Integration von Stationen

Stationen werden nur am Ende der Strecke gebaut, um die Reisezeit zu minimieren. Diese werden minimalistisch gestaltet und haben einen einfacheren Boarding-Prozess als aktuelle Flughäfen. Sie sollen einen kontinuierlichen Passagierfluss in Minutentakt ermöglichen, um Verspätungen und Warteschlangen zu vermeiden. Sicherheit und Schutz sind bei Hyperloop von größter Bedeutung, daher werden Sicherheitskontrollen weiterhin in ähnlicher Weise durchgeführt, wie es Sicherheitsfirmen aktuell an Flughäfen tun. Dieser Prozess kann auch stark rationalisiert oder automatisiert werden, um Wartezeiten zu reduzieren und einen kontinuierlichen Passagierfluss aufrechtzuerhalten.[24]

Jede Hyperloop-Station wird wie jede normale Bahnhof-Station mit Toiletten, Cafés, diversen Essensmöglichkeiten und allem Notwendigen ausgestattet sein. Für den direkten Ticketverkauf gibt es vor Ort einen Verkaufsschalter. Im besten Fall sollte die gesamte Ticketausstellung elektronisch und digital abgewickelt werden, um Ressourcen und Zeit zu sparen. Da die Reisezeiten bei Hyperloop kurz sind, wird er hauptsächlich zum Pendeln und eher weniger für Urlaub verwendet. Aus diesem Grund muss eine Gepäckbegrenzung von zwei Gepäckstücken pro Person festgelegt sein und das Gesamtgewicht sollte 50 kg nicht überschreiten. Das Gepäck wird in einem separaten Fach verstaut, zum Beispiel im hinteren Teil der Kapsel. Das Personal vor

---

[23] Vgl. Musk, E. (2013) S. 10
[24] Vgl. Musk, E. (2013) S. 32-33

Ort ist für das Be- und Entladen des Passagiergepäcks verantwortlich. Zudem sorgt es gleichzeitig für die Sauberkeit und Ordnung innerhalb der Stationen.[25,26]

Die Abbildung 3 zeigt eine futuristische Station, die vom Unternehmen Delft Hyperloop entworfen wurde.

Abbildung 3: Hyperloop Station von Delft

Aus urheberrechtlichen Gründen wurde diese Abbildung entfernt

Quelle: https://www.delfthyperloop.nl/hyperloop

3.2.3 Energiebedarf

Die gesamte Infrastruktur von Hyperloop soll energieeffizienter sein als andere Verkehrsinfrastrukturen. Ein Flugzeug verbraucht durchschnittlich 3.230 britische thermische Einheiten pro Passagiermeile (BTU/p-m), während Magnetschwebebahnen 1.180 BTU/p-m und Hochgeschwindigkeitszüge 975 BTU/p-m verbrauchen. Hyperloop soll damit fünf- bis sechsmal effizienter sein als Flugzeuge und zwei- bis dreimal effizienter als herkömmliche Züge, so laut einer Studie aus dem Jahr 2016 durchgeführt von einigen NASA-Mitarbeitern. Die Energie sollte zu 100 Prozent aus Strom bestehen, hauptsächlich von Sonnenkollektoren, die oben auf der Röhre installiert sind. Sobald die Kapsel gestartet ist, wird sie von einer Magnetschwebebahn vorwärts bewegt, sodass der Energieverbrauch der Kapsel gering sein soll. Darüber hinaus verfügt jede Kapsel über zusätzliche Akkus, um den Innenraum der Kabine ausreichend mit Strom zu versorgen.[27]

Die Speicherung der Energie in Lithiumbatterien stellt sicher, dass die zum Antrieb der Kapsel benötigte Energie auch bei schlechtem Wetter oder fehlender direkter Sonneneinstrahlung bereitgestellt wird, behauptete ein unabhängiger Gutachter des Entwurfs für die Hyperloop-Strecke von Los Angeles nach San Francisco. Die Solarmodule sollen 21 Megawatt Strom erzeugen können und eine durchschnittliche Leistung von sechs Megawatt gewährleisten, was mehr als genug ist, um den Systembedarf zu decken. Daraus folgt, dass die Solaranlage in der Lage ist, mehr Energie zu produzieren, als zum Betrieb des Systems benötigt wird.[28]

---

[25] Vgl. Motwani, S. u. a. (2021) S. 40-41
[26] Vgl. Musk, E. (2013) S. 32-33
[27] Vgl. Taylor, C. u. a. (2016) S. 13-14
[28] Vgl. Shaaban, K. u. a. (2022) o. S

3.3 Chancen und Risiken

Jede neu eingeführte Technologie bringt sowohl Chancen als auch Risiken mit. Diese werden in diesem Kapitel behandelt.

Chancen

Die Umsetzung dieses neuen Transportkonzepts bietet die große Chance, das Reisen zu weit entfernten Zielen zu revolutionieren. In den Augen vieler Befürworter, allen voran Elon Musk, der den Hype um dieses revolutionäre neue Transportmittel entfachte, könnte die Entwicklung von Hyperloop eine Möglichkeit sein, um das Reisen schneller, kostengünstiger, energieeffizienter und umweltfreundlicher zu machen.[29] Aufgrund der Tatsache, dass das System so energieeffizient ist, lohnt es sich, weiter in Entwicklungs- und Forschungsarbeit zu investieren.

Der Geschwindigkeitsaspekt spielt bei Hyperloop eine wichtige Rolle. Die Fahrt zwischen Berlin und München dauert mit dem Auto etwa sechs Stunden, plus Zeit, die an Raststätten oder Tankstellen verschwendet wird. Die Reisealternative mit dem Flugzeug macht aus Umweltgesichtspunkten und bei einer Strecke von etwa 600 Kilometern auch wenig Sinn, da das Flugzeug mehr als die Hälfte der Zeit sich in den Sink- und Steigflug befindet. Mit Hyperloop kann diese Strecke in etwa 30 bis 40 Minuten zurückgelegt werden.

In Bezug auf die Kosten belaufen sich die Gesamtkosten für die Hyperloop-Route von Los Angeles nach San Francisco laut Elon Musk auf weniger als sechs Milliarden US-Dollar. Werden diese Kosten über 20 Jahre amortisiert und die täglichen Betriebskosten hinzugefügt, ergibt sich ein Gesamtbetrag von 20 US-Dollar plus Betriebskosten für eine Einzelfahrkarte.[30] Im Vergleich zu den aktuellen Tarifen kostet eine einfache Zugfahrt zwischen Los Angeles und San Francisco laut dem Buchungsportal busbud.com rund 83 Euro und dauert durchschnittlich volle zehn Stunden.[31]

Risiken

Ein solches Transportmittel birgt auch Risiken. Das erste Problem stellt die Erdbebensicherheit dar, denn bei einer Kapsel, die mit ca. 1.000 km/h fährt, kann eine leichte Verschiebung der Röhre fatale Folgen für die Insassen haben. Leider wird dies in Elon Musks Hyperloop-Alpha-Konzept nicht erwähnt, sondern nur angedeutet, dass ein Notbremssystem die Kapsel im Falle eines solchen Ereignisses stoppen sollte. Die Frage ist nur, ob das Notbremssystem angesichts der sehr langen Bremswege, die bei so enormen Geschwindigkeiten in Kauf zu nehmen sind,

---

[29] Vgl. Musk, E. (2013) S. 8-9
[30] Vgl. Musk, E. (2013) S. 6
[31] Vgl. busbud.com (2022) o. S.

wirklich Sinn ergibt. Wenn die Kapsel tatsächlich mit 1.200 km/h unterwegs wäre, würde sie etwa 15 Sekunden benötigen, um komplett zum Stehen zu kommen. Zudem würde sie in dieser Zeit mehr als zwei Kilometer zurücklegen. Voraussetzung für diesen Bremsvorgang ist natürlich, dass die Passagiere während der gesamten Fahrt angeschnallt bleiben.[32]

Ein weiteres Problem bei Hyperloop ist, dass die Bedingungen innerhalb der Vakuumröhre denen im Weltraum ähneln. Denn wie im Weltall sind Menschen bei einem Unfall einem Vakuum ausgesetzt. Hier kann das kleinste Loch oder der kleinste Riss in der Kapsel für die Passagiere tödlich sein. Wenn der Druck im Inneren der Röhre nicht ausgeglichen und rechtzeitig mit Luft gefüllt wird, kann der Passagier ersticken. Zudem ist die Gefahr von Auffahrunfällen sehr hoch, da die Kapseln alle 30 Sekunden mit etwa 50 Passagieren an Bord abfliegen sollen. Fällt eine der Kapseln aus, wird das systematische Abbremsen der hinteren Kapsel zur echten Herausforderung, was wiederrum schlimme Konsequenzen für die Insassen haben kann.[33]

3.4 Herausforderungen und Kosten

Eine der größten Herausforderungen bei Hyperloop sind die hohen Baukosten. Der größte Teil der Kosten wird für die Verlegung von Stahlrohren über Hunderte von Kilometern sowie für die Konstruktion und die Integration von Stationen aufgewendet. Zudem werden viele Kapseln benötigt, um Passagiere in kurzer Zeit in die gewünschte Richtung zu befördern.[34]

Die Papiere von Hyperloop-Alpha liefern Informationen zu Kosten für zwei Hyperloopvarianten. Eine Variante sollte nur Passagiere befördern, während die zweite Variante Fracht und Fahrzeuge transportieren sollte. Für die vorgeschlagene Route von Los Angeles nach San Francisco soll die kleine Kapsel weniger als 6 Milliarden Dollar kosten, die größere Variante 7,5 Milliarden Dollar. Ein Großteil der Kosten wird für die Entwicklung der Kapseln aufgewendet, etwa 54 Millionen US-Dollar für 40 Kapseln und der Rest für den Streckenbau.[35]

Laut internen Dokumenten des Unternehmens Hyperloop One, die von der US-Magazin Forbes veröffentlicht wurden, würde der Bau einer 170 Kilometer langen Strecke zwischen 8 und 11,5 Milliarden Euro oder zwischen 47 und 68 Millionen Euro pro Kilometer kosten. Zum Vergleich: Eisenbahn-Hochgeschwindigkeitsstrecken in Europa kosteten zuletzt rund 20 Millionen Euro pro Kilometer.[36]

---

[32] Vgl. Becker, M. (2013) o. S.
[33] Vgl. Dillon, C. (2018) o. S.
[34] Vgl. Hansen I. (2020) S. 816-817
[35] Vgl. Musk, E. (2013) S. 56-57
[36] Vgl. Konrad, A. (2016) o. S.

Viele Kritiker sind der Meinung, dass die tatsächlichen Kosten für die Entwicklung des Hyperloops viel höher sein werden als die Kosten, die in Musks Papieren angegeben sind und verweisen auf ähnliche Projekte in der Vergangenheit, darunter das Swissmetro-Projekt, das aufgrund von explodierenden Kosten niemals realisiert werden konnte. Das Projekt untersuchte das Konzept einer Magnetschwebebahn, bei der Züge mit mehr als 500 km/h unterirdisch die Schweiz durchqueren sollten.[37]

Eine weitere Herausforderung besteht darin, dass aktuelle Prototypen eine lange Entwicklungszeit bis zur Produktreife benötigen. Nach aktuellen Schätzungen wird die Entwicklung eines ausgereiften Hyperloop-Systems bis zum kommerziellen Betrieb mindestens 20 Jahre dauern. Diese Faktoren können potenzielle Investoren abschrecken. Viele technische Fragen bleiben offen, etwa wie das Vakuum in der Röhre über lange Distanzen aufrechterhalten werden kann, und wie kann das System vor Vandalismus geschützt werden. Darüber hinaus wird der Betrieb mit Menschen zahlreiche behördliche Genehmigungen erfordern und die Hersteller müssen zunächst beweisen, dass die Systeme sicher und zuverlässig sind, bevor sie in den kommerziellen Betrieb genommen werden können.[38]

3.5 Sicherheit und Zuverlässigkeit

Laut dem Unternehmer Elon Musk wurde das Hyperloop-Konzept von Anfang an unter Sicherheitsaspekten entwickelt. Die Kapseln reisen in einer sorgfältig kontrollierten und gepflegten Röhrenumgebung, wodurch das System immun gegen Wind, Eis, Nebel und Regen ist. Menschliches Versagen ist nahezu ausgeschlossen, da die Kapsel voll autonom fahren soll. Das System ist vollständig von der Außenwelt isoliert, sodass unvorhersehbares Wetter keinen Einfluss auf Hyperloop haben kann. Dies beseitigt die meisten Sicherheitsbedenken und in vielen Fällen sollte Hyperloop selbst sicherer sein als Flugzeuge, Züge und Autos.[39] In den Papieren von Hyperloop-Alpha wird beschrieben, dass Hyperloop auf folgende Szenarien gut vorbereitet ist:[40]

- Im Notfall sollen alle Kapseln direkten Funkkontakt mit dem Stationsbetreiber haben und mit Erste-Hilfe-Ausrüstung ausgestattet sein
- Im Falle eines Stromausfalls soll die Energie von redundanten Lithium-Ionen-Akkupacks kommen, die mit der Kapsel verbunden sind

---

[37] Vgl. Becker, M. (2013) o. S.
[38] Vgl. Doppelbauer J. (2018) S. 223
[39] Vgl. Musk, E. (2013) S. 53
[40] Vgl. ebd. S. 53-55

- Im Falle eines Druckverlustes in der Kapsel kann das Klimatisierungssystem die an Bord mitgeführte Reserveluft verwenden, um den Druck in der Kapsel für die kurze Zeitspanne bis zum Zielort aufrechtzuerhalten. Bei einer stärkeren Druckentlastung können wie im Flugzeug Sauerstoffmasken eingesetzt werden

- Um die Schäden im Erdbebenfall zu minimieren, wird die gesamte Röhrenlänge und die restlichen Infrastrukturkomponenten mit der erforderlichen Flexibilität konstruiert

- Hyperloop wird das gleiche Sicherheitsniveau haben wie Flughäfen. Der Zugang zu kritischen Infrastrukturelementen ist eingeschränkt, da sich die Röhren auf meterhohe Masten befinden und somit gegen Vandalismus weitestgehend geschützt sind

3.6 Die Vision für das zukünftige europäische Transportmittel

Die Vision eines Netzwerks von Hochgeschwindigkeitszügen zur Minimierung der Reisezeiten zwischen europäischen Hauptstädten gibt es schon seit Jahren in Europa. Die einzige Chance zur Realisierung dieses Projekts besteht möglicherweise in der Kofinanzierung des Projekts und der Beteiligung verschiedener Länder. Dies kann nur gelingen, wenn Regierungen und Organisationen aller europäischen Länder gemeinsam in solche Projekte investieren und die rechtlichen Rahmenbedingungen schaffen, damit der Entwicklung solch revolutionärer Mobilitätskonzepte nichts im Wege stehen. Schließlich werden alle europäischen Bürger von einem ultraschnellen Transportmittel profitieren. Unter anderem wird die kommerzielle Einführung von Hyperloop vielen auf dem europäischen Arbeitsmarkt mehr Möglichkeiten bieten. Kürzere Reisezeiten bedeuten, dass die Menschen gleichzeitig in zwei weit entfernten Städten wohnen und arbeiten können. Hyperloop ist auch aus anderen Gründen für das Fernreisen in Europa interessant. Aufgrund des geringen Energieverbrauchs und der CO_2-Null-Emission, sollte es im Interesse aller EU-Länder, insbesondere der Europäischen Kommission, liegen, die Forschung und Entwicklung von Hyperloop voranzutreiben. Zudem kann sich eine nachhaltige und energieeffiziente Lösung im Verkehr auch auf die Fahrpreise bemerkbar machen und das Reisen billiger machen als derzeitige Transportmittel.

Die Entwicklung von Hyperloop spielt bereits eine wichtige Rolle in den zukünftigen Mobilitätsplänen der Europäischen Kommission, wie aus den kürzlich veröffentlichen Strategien für eine nachhaltige und intelligente Mobilität hervorgeht, die Teil des sogenannten European Green Deal sind. Konkret geht es um die Entwicklung neuer Technologien und Dienstleistungen, die dazu beitragen sollen, die Mobilität der Zukunft nachhaltiger, energieeffizienter und vor allem emissionsfreier zu gestalten. Deshalb hat die Europäische Kommission gemeinsam mit den wichtigsten europäischen Institutionen beschlossen, günstige Bedingungen für die

Entwicklung neuer Technologien und Dienstleistungen zu ermöglichen. Ziel ist es, ein günstiges Umfeld für europäische Startups, Entwickler und Innovatoren zu schaffen, damit sie ihre Produkte ohne komplizierte Regulierungsverfahren testen und auf den Markt bringen können. Neben Hyperloop sollten viele andere Mobilitätskonzepte davon profitieren, wie zum Beispiel die Entwicklung von kommerziellen Lieferdrohnen, autonomen und vernetzten Fahrzeugen, wasserstoffbetriebenen Flugzeugen und elektrischen Lufttaxis sowie die Entwicklung von Elektro-Schiffen und anderen sauberen Konzepte für die Logistik in der Stadt.[41]

4   Kritische Betrachtung

Diese Arbeit konzentriert sich auf die Untersuchung des Konzepts bei Hyperloop. Viele interessante Aspekte können aufgrund der geringen Wortzahl nur oberflächlich behandelt werden. Weitergehende Auslegungen, etwa im Hinblick auf Infrastrukturanforderungen oder Sicherheitsaspekte, hätten den Rahmen dieser Arbeit gesprengt. In Bezug auf die Sicherheitsaspekte ist das Thema so breit gefächert, dass es allein durch die Berücksichtigung aller Sicherheitsaspekte in eine vollständige Hausarbeit passen könnte. Es bleibt die Frage, wann die erste Hyperloop-Linie fertiggestellt sein wird und was der Bau letztendlich kosten wird. Dies sind noch Fragen, denen weiter nachgegangen werden kann. Neben Hyperloop befasst sich diese Arbeit auch mit aktuellen Trends aus der Mobilitätsbranche. Auch diese Aspekte werden in Kapitel zwei nur kurz behandelt.

5   Fazit

Ziel dieser Arbeit war es, einen Überblick über aktuelle Mobilitätstrends zu geben, insbesondere das Konzept eines revolutionären Hochgeschwindigkeitstransportsystems vorzustellen, in dem Menschen in Zukunft durch Vakuumröhren transportiert werden könnten. Kapitel zwei beschäftigt sich zunächst mit der Mobilität in der Stadt. Hier wird unter anderem erklärt, warum Mobilität heute so wichtig ist. Kurz darauf wird untersucht, welche Alternativen zum privaten Autobesitz in Städten existieren und wie der Stand von Carsharing in Deutschland ist. Zum Abschluss dieses Kapitels wird noch kurz auf die Trends Digitalisierung und autonomes Fahren eingegangen.

Eines der zentralen Aspekte dieser Seminararbeit war das Konzept hinter der Idee von Hyperloop zu erklären. Auch Chancen, Risiken, aktuelle Herausforderungen und Kosten werden

---

[41] Vgl. Europäische Kommission (2020) S. 18

dabei thematisiert. Abschließend wird auf die Sicherheit und Zuverlässigkeit des Systems eingegangen sowie über die Pläne der EU in Bezug auf die zukünftige Mobilität in Europa.

Vieles deutet darauf hin, dass Hyperloop den Fernverkehr revolutionieren wird. Die Technologie birgt Chancen und Risiken, aber der überwiegende Teil von Chancen ist so groß, dass viele
Unternehmen an verschiedenen Hyperloop-Projekten und Prototypen arbeiten, darunter Virgin
Hyperloop, das am 8 November 2020 erste Tests mit Menschen an Bord durchführte.[42] Bis zu
einer kommerziellen Einführung des Hyperloops werden viele Jahre vergehen müssen, denn
die Hersteller müssen zuerst beweisen, dass diese Systeme sicher und zuverlässig sind.

6 Ausblick

Die Zukunft der Mobilität wird sicher sehr spannend. Viele Länder widmen dem Umweltschutz
und klimafreundlichen Themen mehr Aufmerksamkeit. Auf dem Gebiet der Elektromobilität
hat sich in letzter Zeit viel getan. In Deutschland nimmt der Kauf von Elektrofahrzeugen zu.
Das bestätigen aktuelle Statistiken des Kraftfahrt-Bundesamts. Laut der Behörde ist im Sep-
tember 2022 das meistverkaufte Auto nicht mehr der VW Golf, sondern das Tesla Model Y.
Genauer gesagt waren in dieser Zeit in Deutschland 9.846 Tesla Model Y Fahrzeuge zugelassen. Den zweiten Platz belegte trotzdem VW Golf mit 7.095 Neuzulassungen.[43]

Die Ladeinfrastruktur wird immer stärker ausgebaut und die Technologie dahinter immer besser. Beispielsweise versucht der chinesische Autohersteller NIO, das Ladekonzept zu revolutionieren. Anstatt die Batterie zu laden, soll sie an einer von NIO entwickelten mobile Station
ausgetauscht werden. Der Tauschprozess läuft automatisch und dauert bis zu fünf Minuten.[44]
Weitere spannende Themen wie die Entwicklung von wasserstoffbetriebenen Flugzeugen,
Flug- und Robotertaxis gehören zu den revolutionärsten Ideen, die ein enormes Potenzial haben, die Art und Weise, wie sich Menschen in Zukunft fortbewegen, zu verändern.[45]

[42] Vgl. Rose, G. (2020) o. S.
[43] Vgl. Zwick, D. (2022) o. S.
[44] Vgl. Lamby-Schmitt, E. (2022) o. S.
[45] Vgl. Stark, M. (2021) o. S.

7 Literaturverzeichnis

Kords, Martin; Bundesverband CarSharing (2022): Anzahl registrierter Carsharing-Nutzer in Deutschland von 2012 bis 2022, https://de.statista.com/statistik/daten/studie/324692/umfrage/carsharing-nutzer-in-deutschland/, Abruf am 06.10.2022

Kords, Martin; Kraftfahrt-Bundesamt (2022): Anzahl der Personenkraftwagen in Deutschland nach Kraftstoffarten von 2017 bis 2022, https://de.statista.com/statistik/daten/studie/4270/umfrage/pkw-bestand-in-deutschland-nach-kraftstoffarten/, Abruf am 11.09.2022

Kraftfahrt-Bundesamt (2022): Der Fahrzeugbestand am 1. Januar 2022, https://www.kba.de/SharedDocs/Downloads/DE/Pressemitteilungen/DE/2022/pm_10_2022_bestand_01_22.pdf?__blob=publicationFile&v=9, Abruf am 27.10.2022

Kords, Martin; Internationale Energieagentur IEA (2022): Anteil der Verkehrsträger an den weltweiten CO2-Emissionen aus der Verbrennung fossiler Brennstoffe in den Jahren 2018 und 2019, https://de.statista.com/statistik/daten/studie/317683/umfrage/verkehrsttraeger-anteil-co2-emissionen-fossile-brennstoffe/, Abruf am 25.10.2022

Becker, Markus (2013): Risiko in der Röhre, https://www.spiegel.de/wissenschaft/technik/projekt-hyperloop-wie-elon-musk-das-zugwunder-wahrmachen-will-a-916316.html, Abruf am 25.09.2022

busbud.com (2022): finden Sie Bahntickets von Los Angeles, CA nach San Francisco, CA, https://www.busbud.com/de/zug-los-angeles-san-francisco/t/9q5ctr-9q8yyk, Abruf am 23.09.2022

Dillon, Conor (2018): Hyperloop: Die Worst-Case-Szenarien beim Schnellzug-Unfall, https://www.dw.com/de/hyperloop-die-worst-case-szenarien-beim-schnellzug-unfall/a-46789864, Abruf am 25.09.2022

Doppelbauer, Josep (2018): Hyperloop – eine Innovation für den globalen Verkehr? https://www.era.europa.eu/sites/default/files/library/docs/hyperloop_innovation_for_global_transportation_de.pdf, Abruf am 26.09.2022

Europäische Kommission (2020): Strategie für nachhaltige und intelligente Mobilität: Den Verkehr in Europa auf Zukunftskurs bringen, https://eur-lex.europa.eu/resource.html?uri=cellar:5e601657-3b06-11eb-b27b-01aa75ed71a1.0003.02/DOC_1&format=PDF, Abruf am 03.10.2022

Hansen, Ingo A. (2020): Hyperloop transport technology assessment and system analysis, Vol. 43, No. 8, https://www.tandfonline.com/doi/full/10.1080/03081060.2020.1828935, Abruf am 13.09.2022

Internationale Energieagentur IEA (2019): Klimakiller Nr.1, https://www.klimaschutz-portal.aero/klimakiller-nr-1/, Abruf am 25.10.2022

Konrad, Alex (2016): Leaked Hyperloop One Docs Reveal The Startup Thirsty For Cash As Costs Will Stretch Into Billions, https://www.forbes.com/sites/alexkonrad/2016/10/25/hyperloop-one-seeks-new-cash-amid-high-costs/?sh=1a320e3c125c, Abruf am 27.09.2022

Kroher, Thomas; Rudschies, Wolfgang (2022): Autonomes Fahren: so fahren wir in Zukunft, https://www.adac.de/rund-ums-fahrzeug/ausstattung-technik-zubehoer/autonomes-fahren/technik-vernetzung/aktuelle-technik/, Abruf am 10.10.2022

Lamby-Schmitt, Eva (2022): NIO will Europa erobern, https://www.tagesschau.de/wirtschaft/technologie/china-elektroauto-nio-101.html, Abruf am 13.10.2022

Motwani, Sachin; Gupta, Anubha (2021): Experiencing Hyperloops: The Transit of the Future, https://ieeexplore.ieee.org/stamp/stamp.jsp?arnumber=9473242, Abruf am 06.09.2022

Musk, Elon: Hyperloop Alpha, https://www.tesla.com/sites/default/files/blog_images/hyperloop-alpha.pdf, Abruf am 17.09.2022

Rose, Greg (2020): Passengers travel safely on a Hyperloop for the first time, https://www.virgin.com/about-virgin/latest/passengers-travel-safely-on-a-hyperloop-for-the-first-time, Abruf am 13.10.2022

Shaaban, Khaled; Radwan, Essam (2022): Design Challenges for Hyperloop Transport Systems, https://ieeexplore.ieee.org/stamp/stamp.jsp?tp=&arnumber=9796713, Abruf am 21.09.2022

Stark, Manuel (2021): 7 Ideen für die Fortbewegung der Zukunft, https://www.enercity.de/magazin/unsere-welt/futuristische-fortbewegungsmittel, Abruf am 13.10.2022

Taylor, Catherine L.; Hyde, David J.; Barr, Lawrence C. (2016): Hyperloop Commercial Feasibility Analysis, https://rosap.ntl.bts.gov/view/dot/12308/dot_12308_DS1.pdf, Abruf am 21.09.2022

tesla.com (2022): Autopilot and Full Self-Driving Capability, https://www.tesla.com/support/autopilot, Abruf am 10.10.2022

United Nations (2019): World Population Prospects 2019 - Highlights, https://population.un.org/wpp/Publications/Files/WPP2019_Highlights.pdf, Abruf am 11.09.2022

Weber, Julian (2020): Bewegende Zeiten: Mobilität der Zukunft, München, Springer Verlag, 2020

Wolfgang, Rid; Gerhard, Parzinger; Michael, Grausam; Müller, Ulrich; Carolin, Herdtle (2018): Carsharing in Deutschland – Potenziale und Herausforderungen, Geschäftsmodelle und Elektromobilität, Wiesbaden, Springer Verlag, 2018

zeit.de (2015): Japans Magnetbahn fährt Rekordgeschwindigkeit, https://www.zeit.de/wissen/2015-04/maglev-weltrekord-japan-geschwindigkeit, Abruf am 17.09.2022

Zwick, Daniel (2022): Erstmals ist ein Tesla Deutschlands meistverkauftes Auto, https://www.welt.de/wirtschaft/article241517115/Tesla-vs-VW-und-Co-Deutschlands-meistverkauftes-Auto-ist-ein-Tesla.html, Abruf am 13.10.2022

17